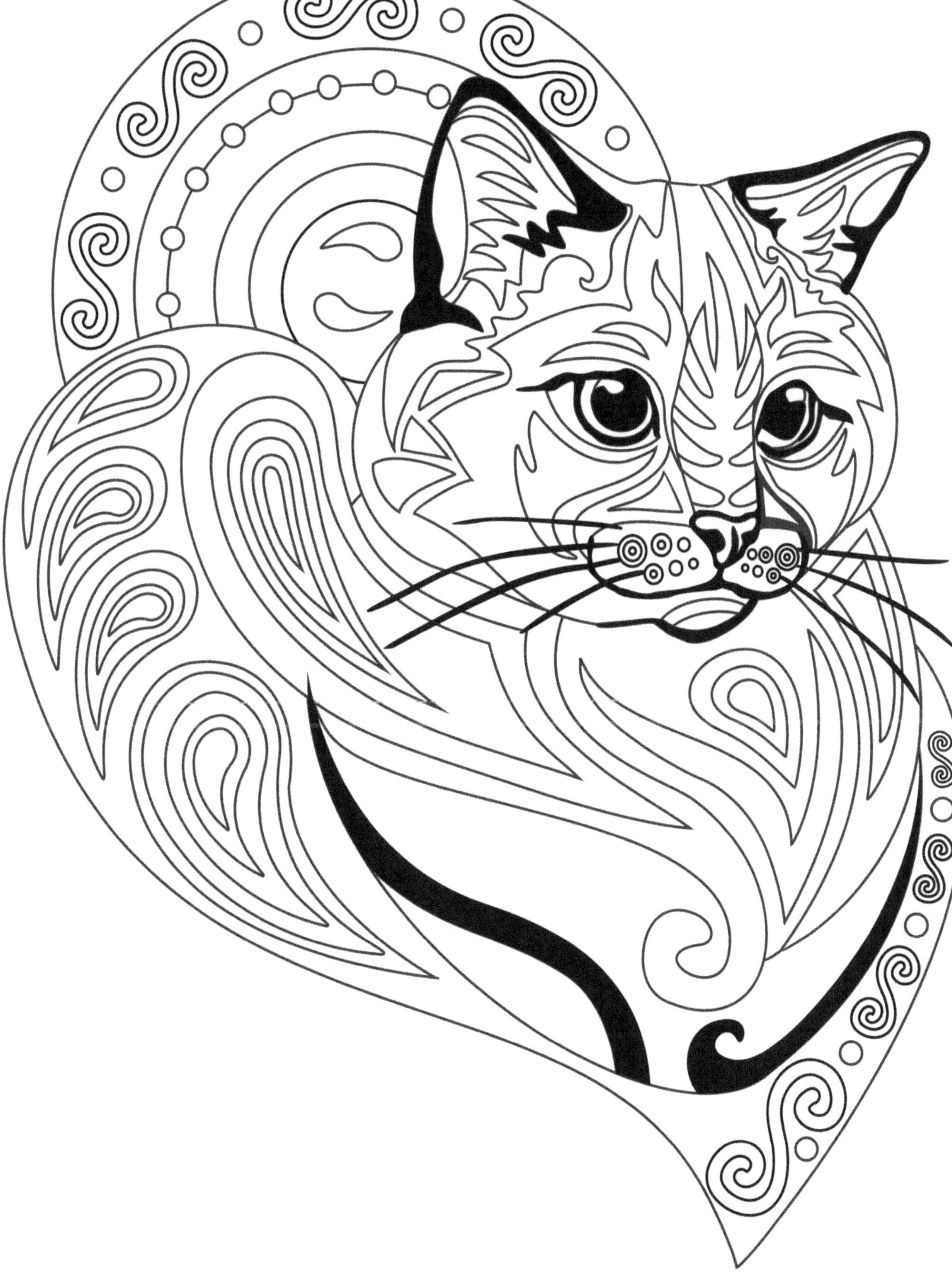

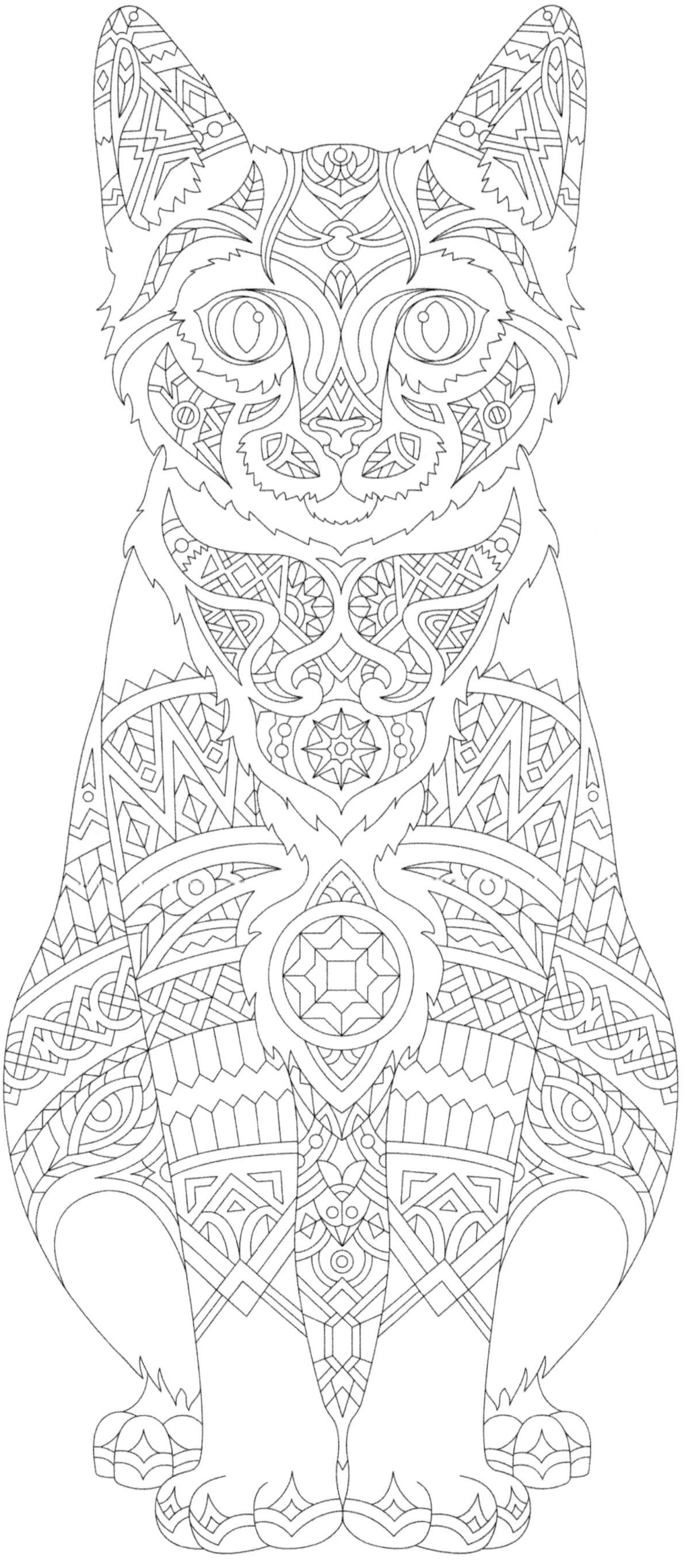

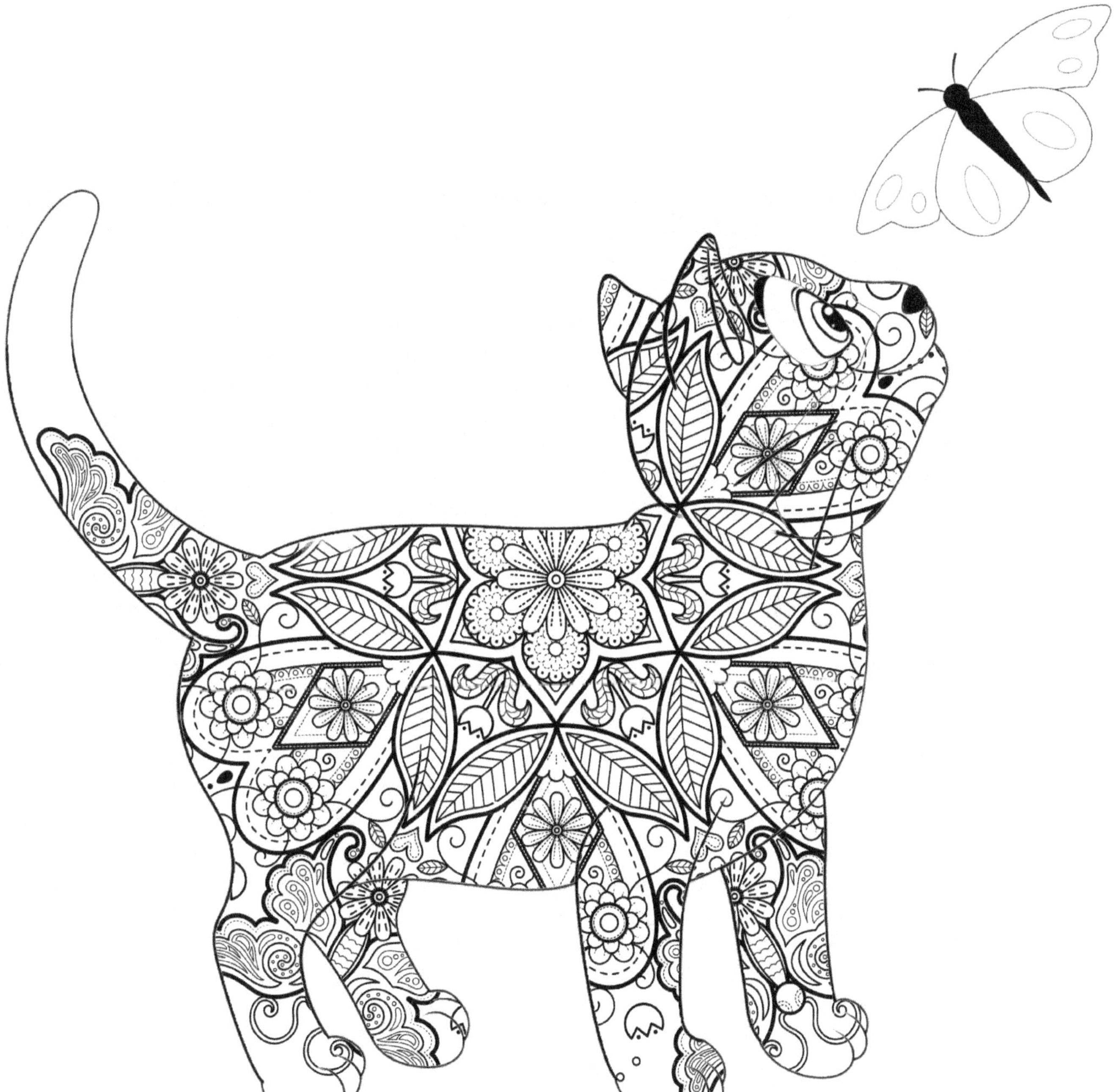

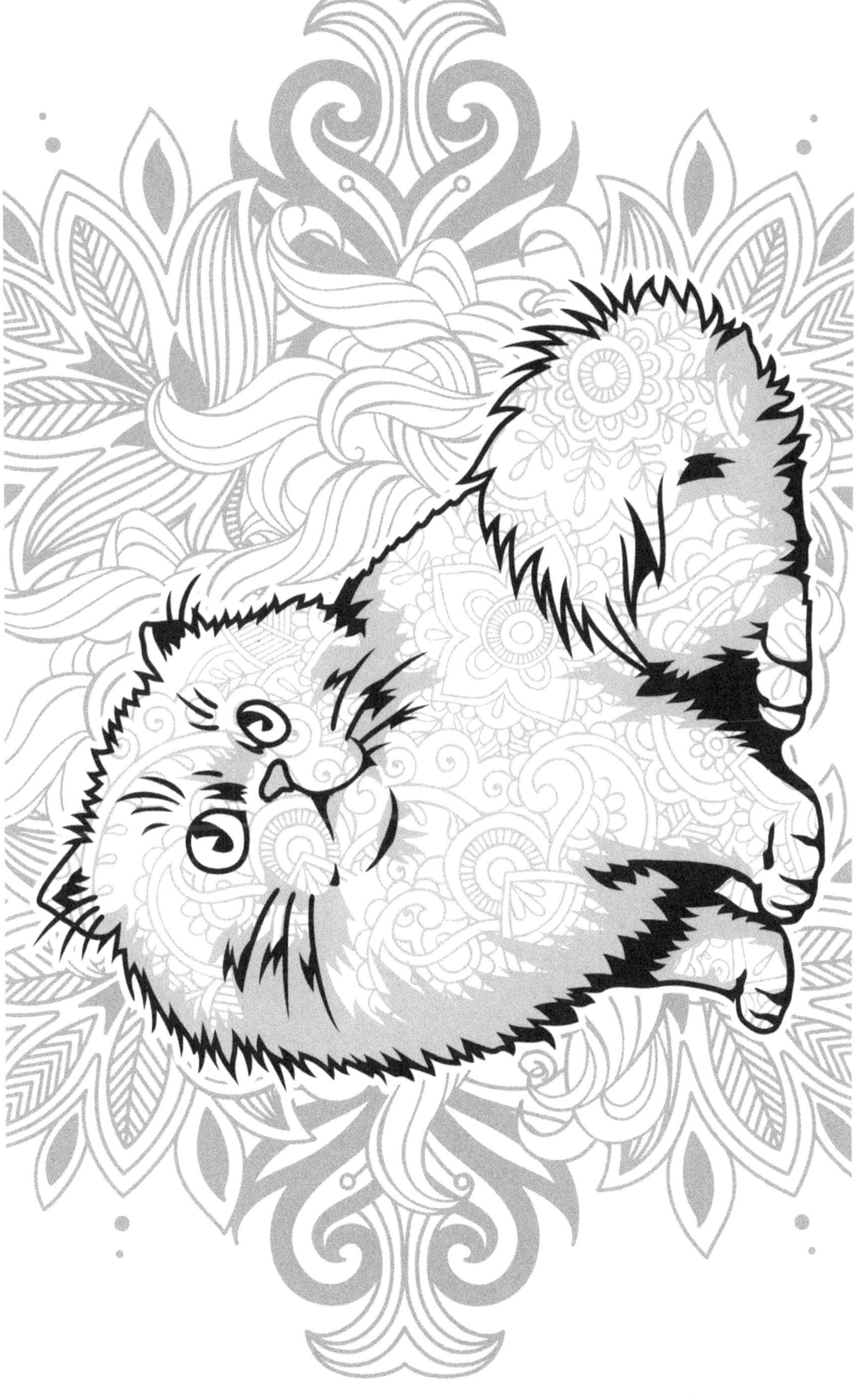

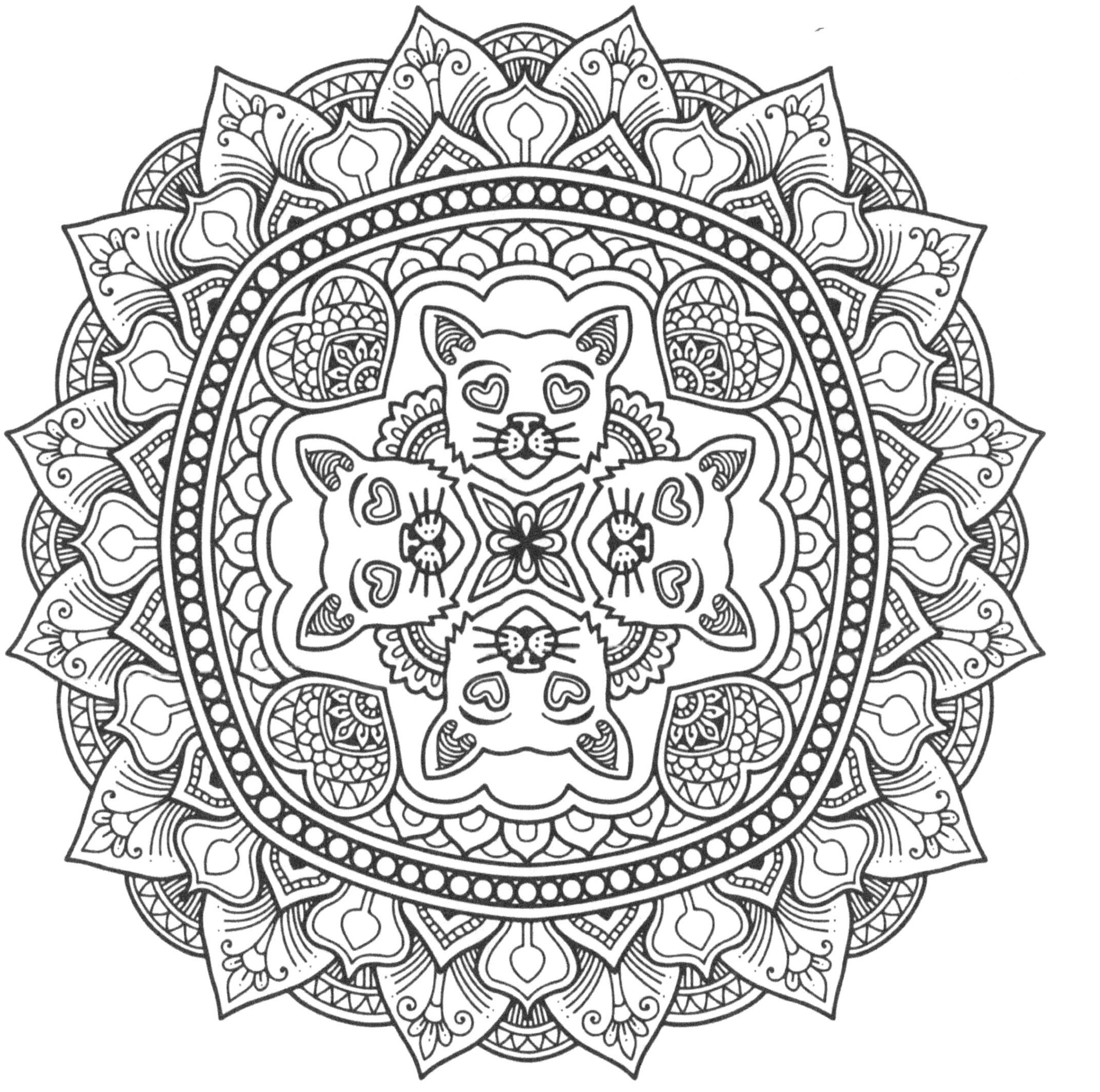

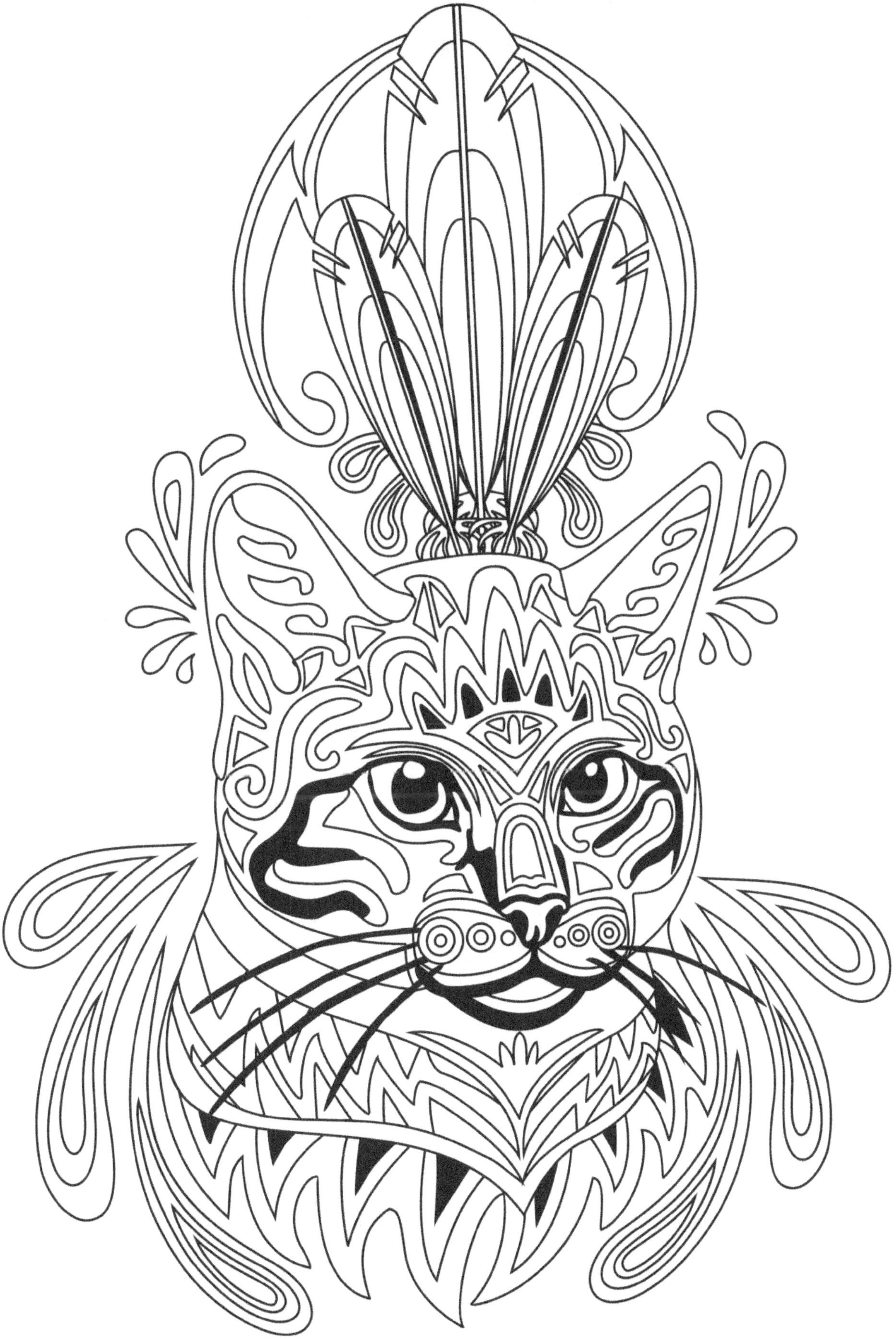

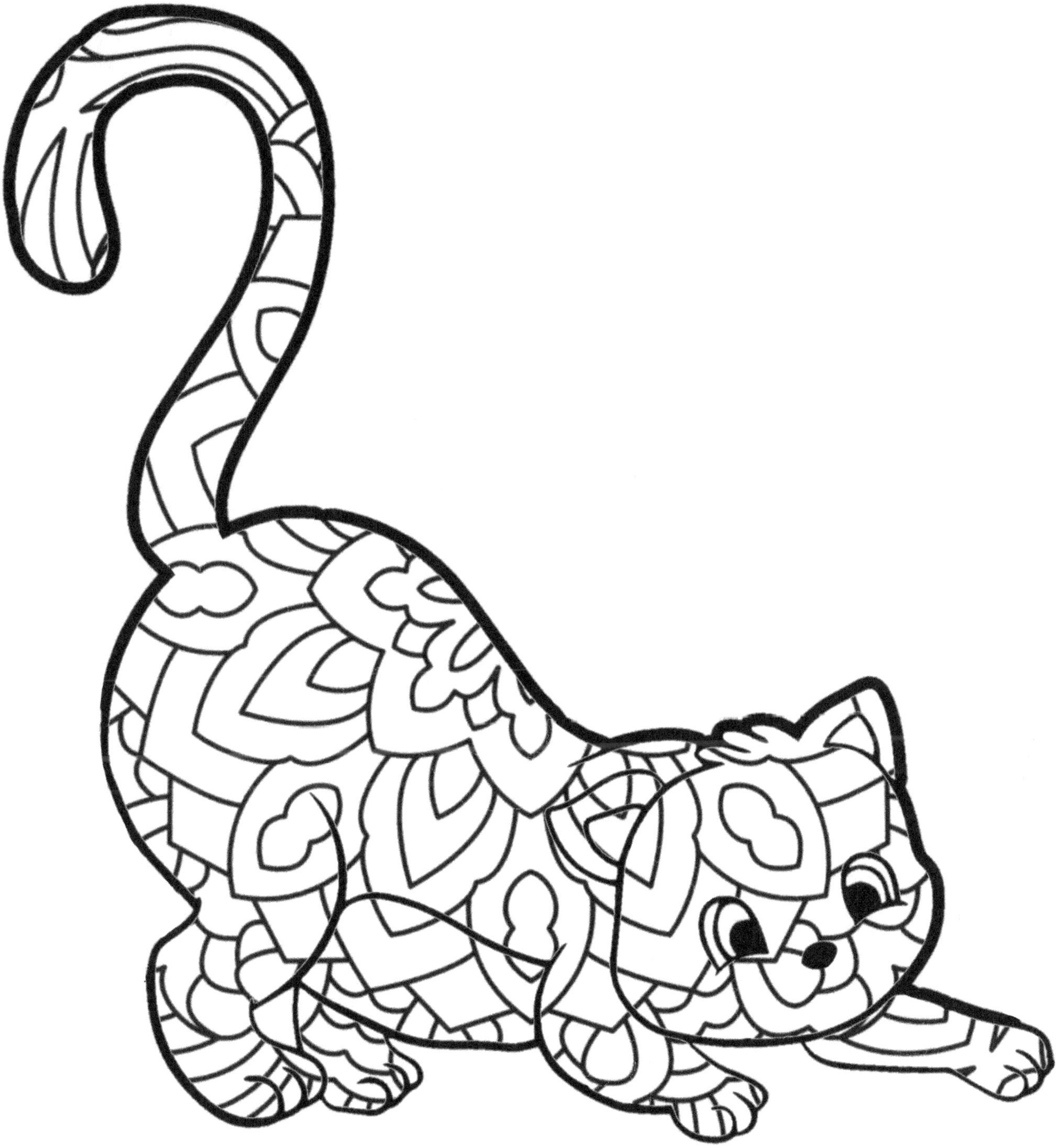

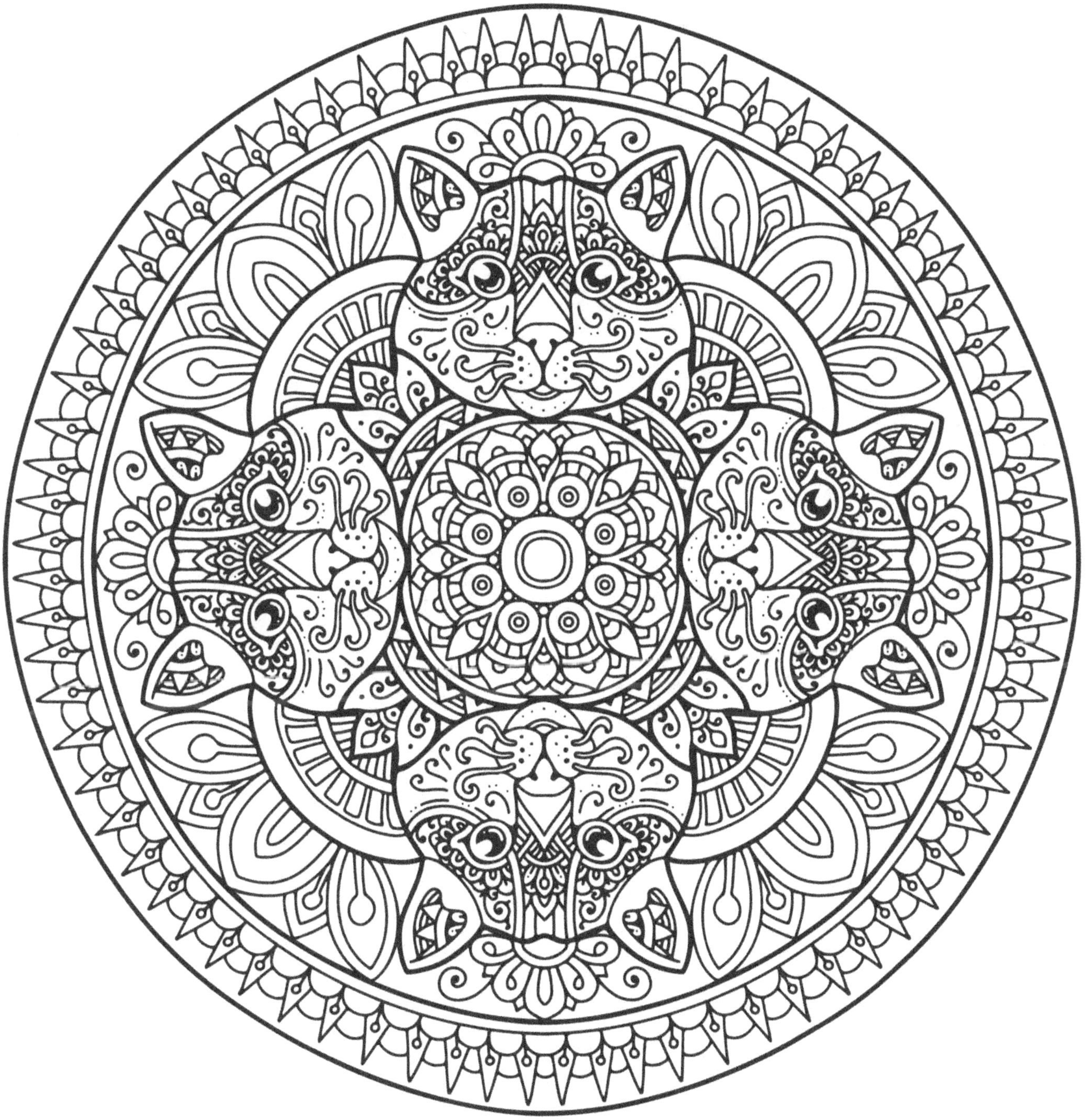

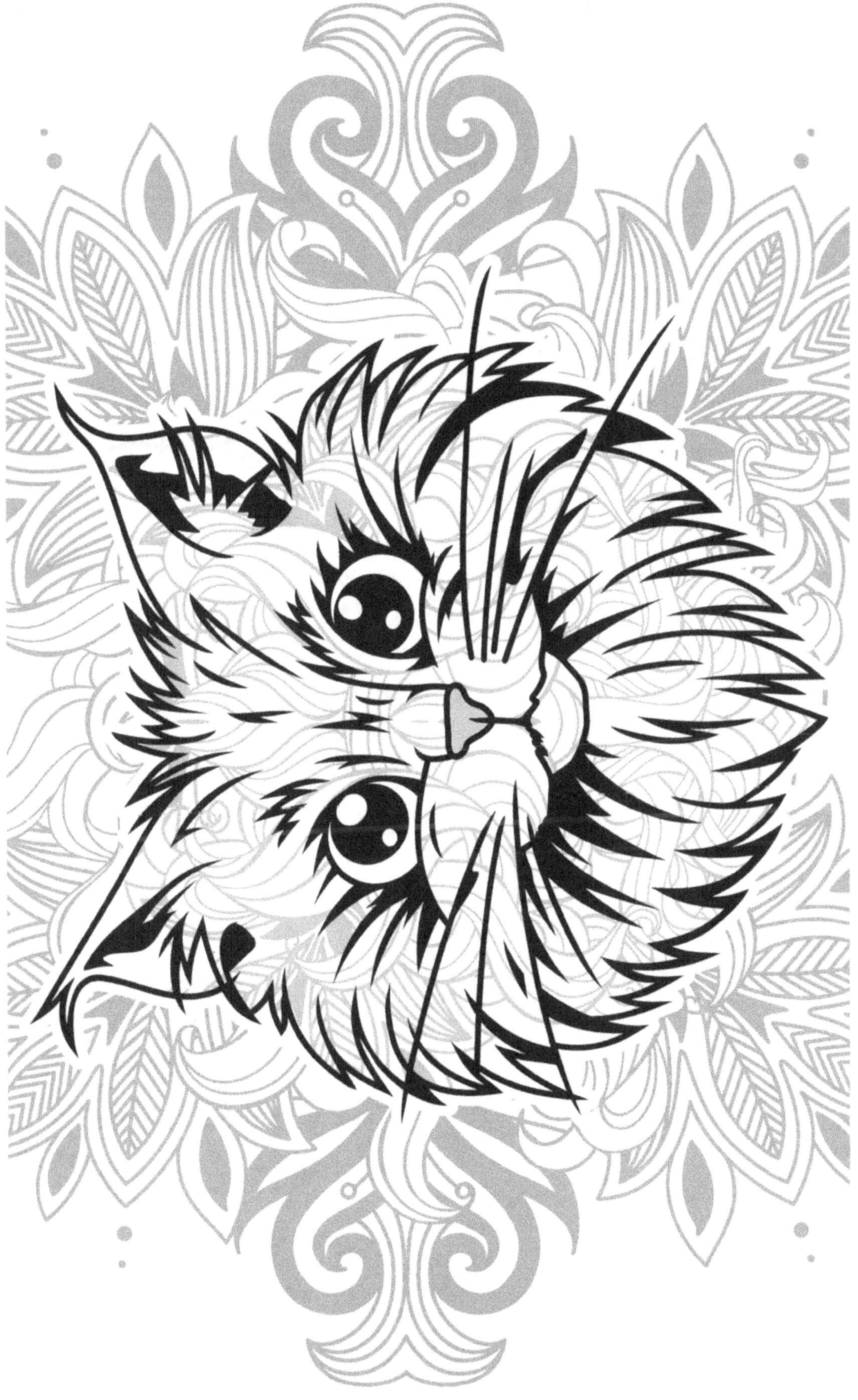

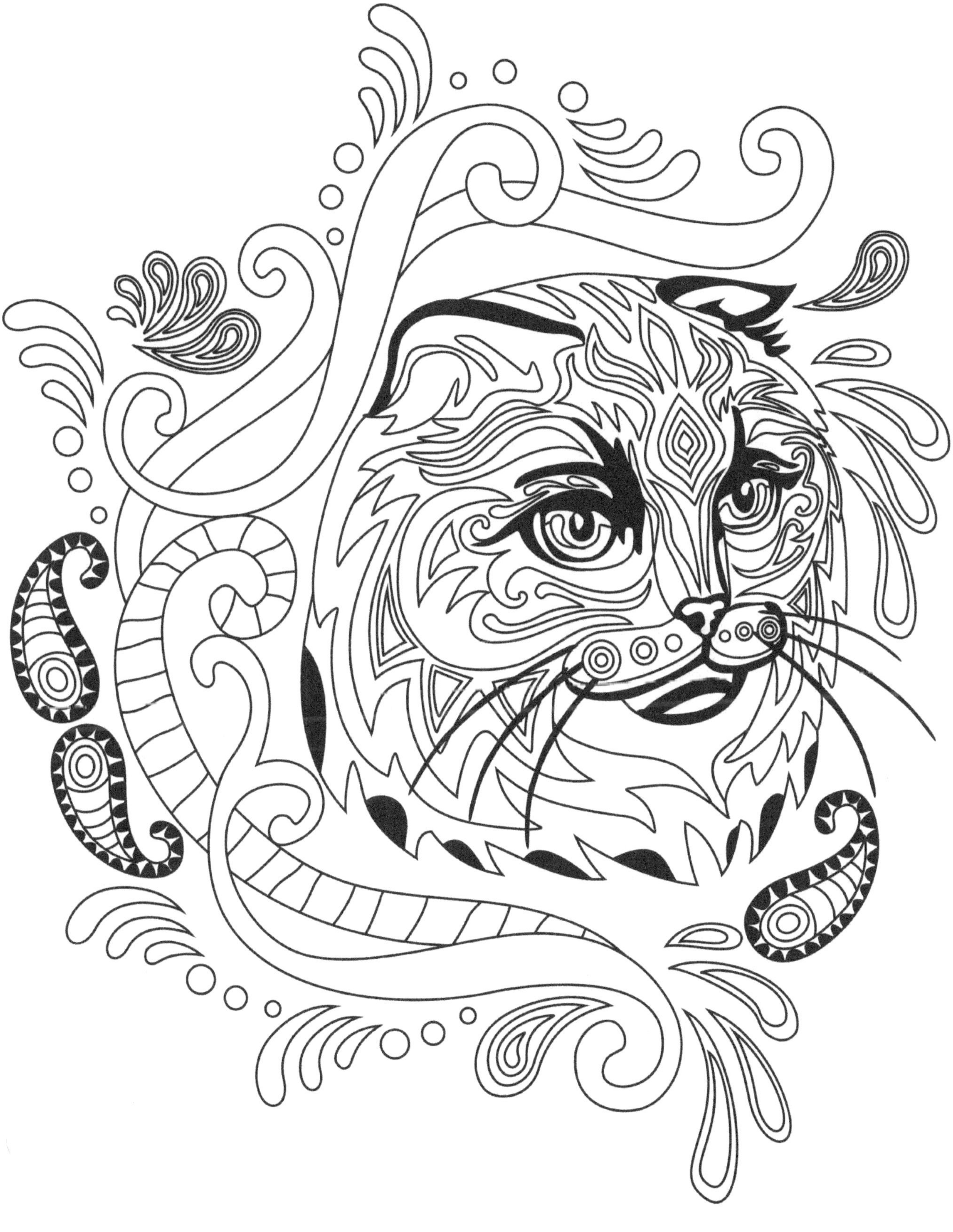

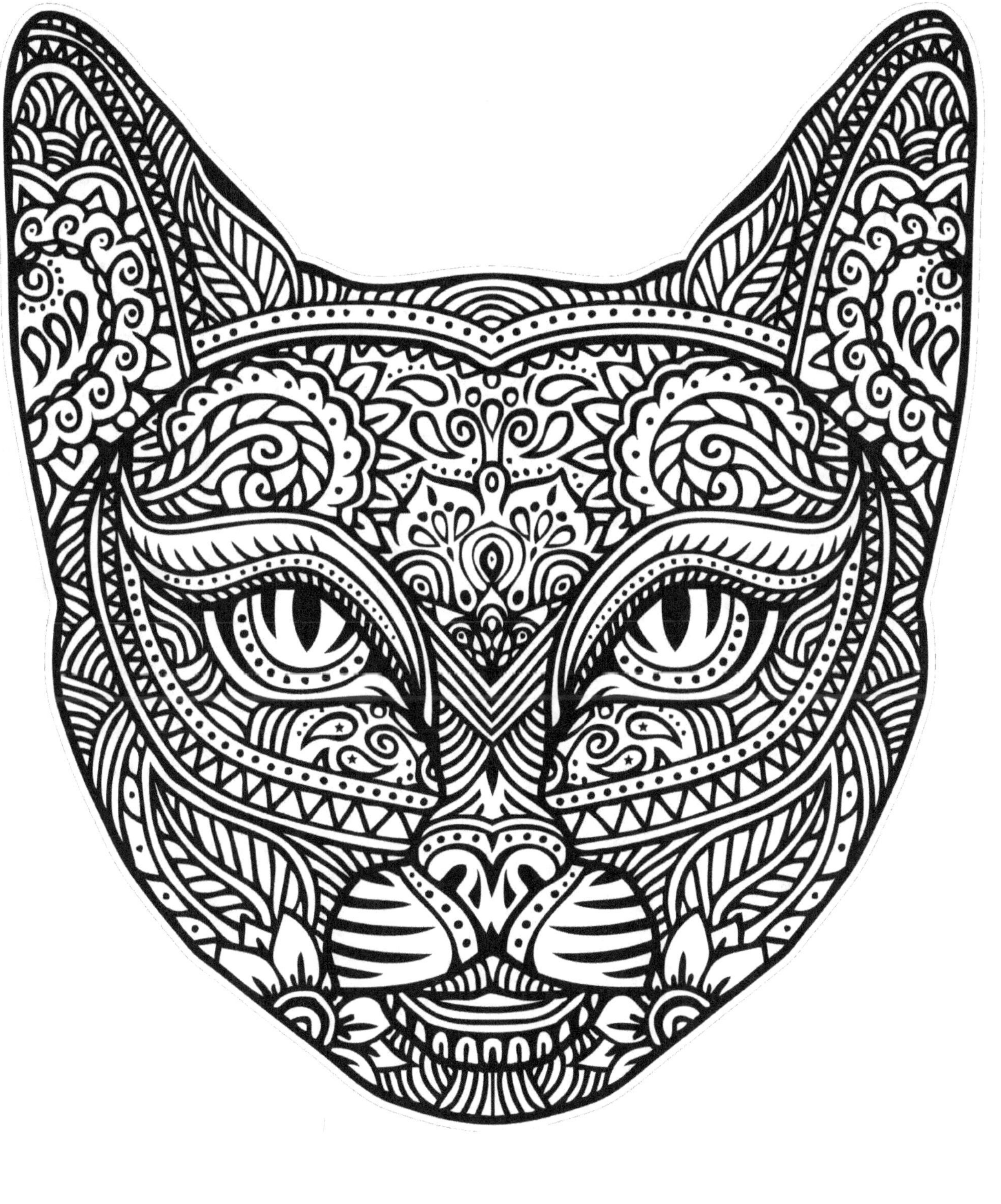

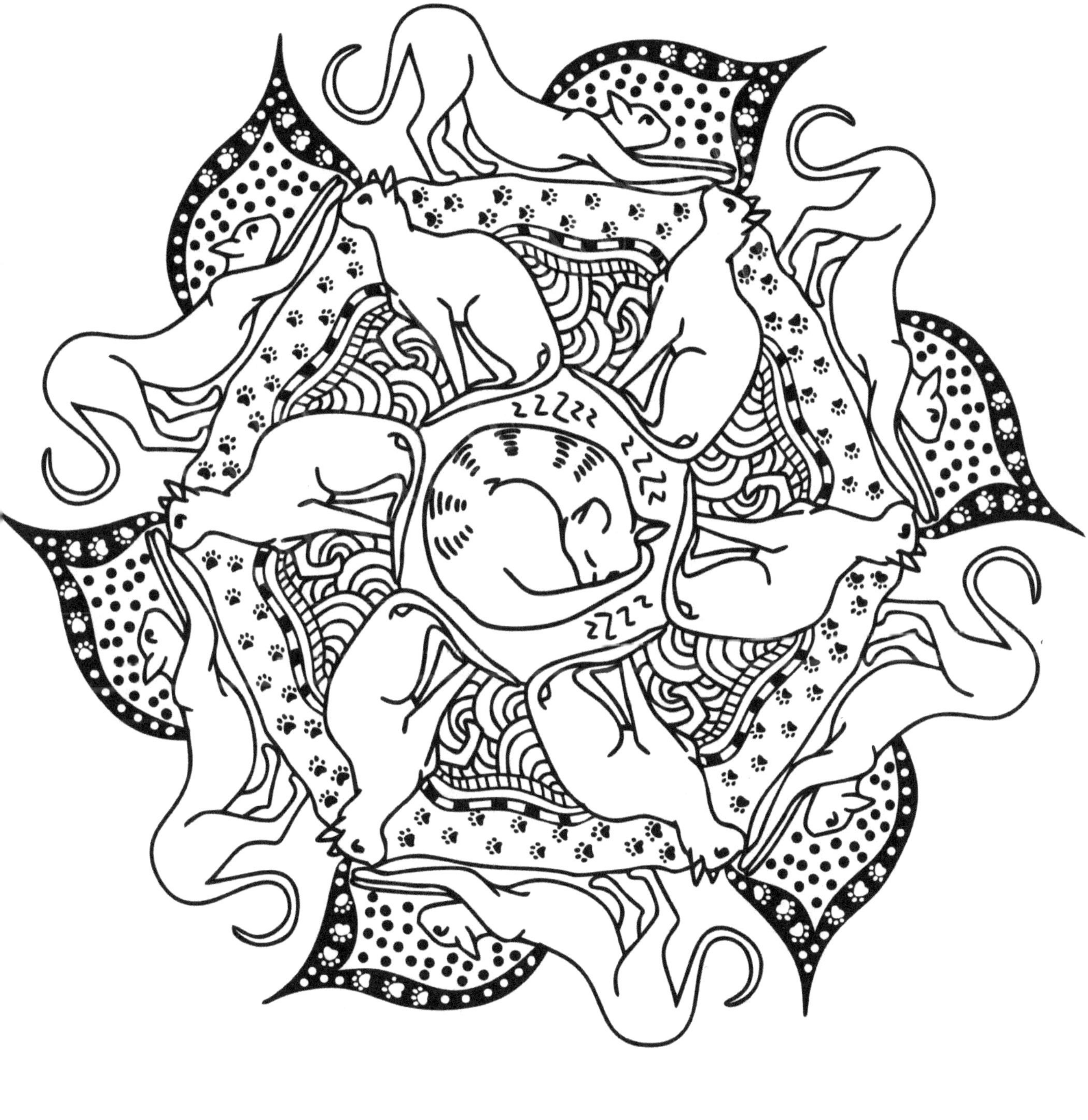
zzzzz
zzzz
zzzz

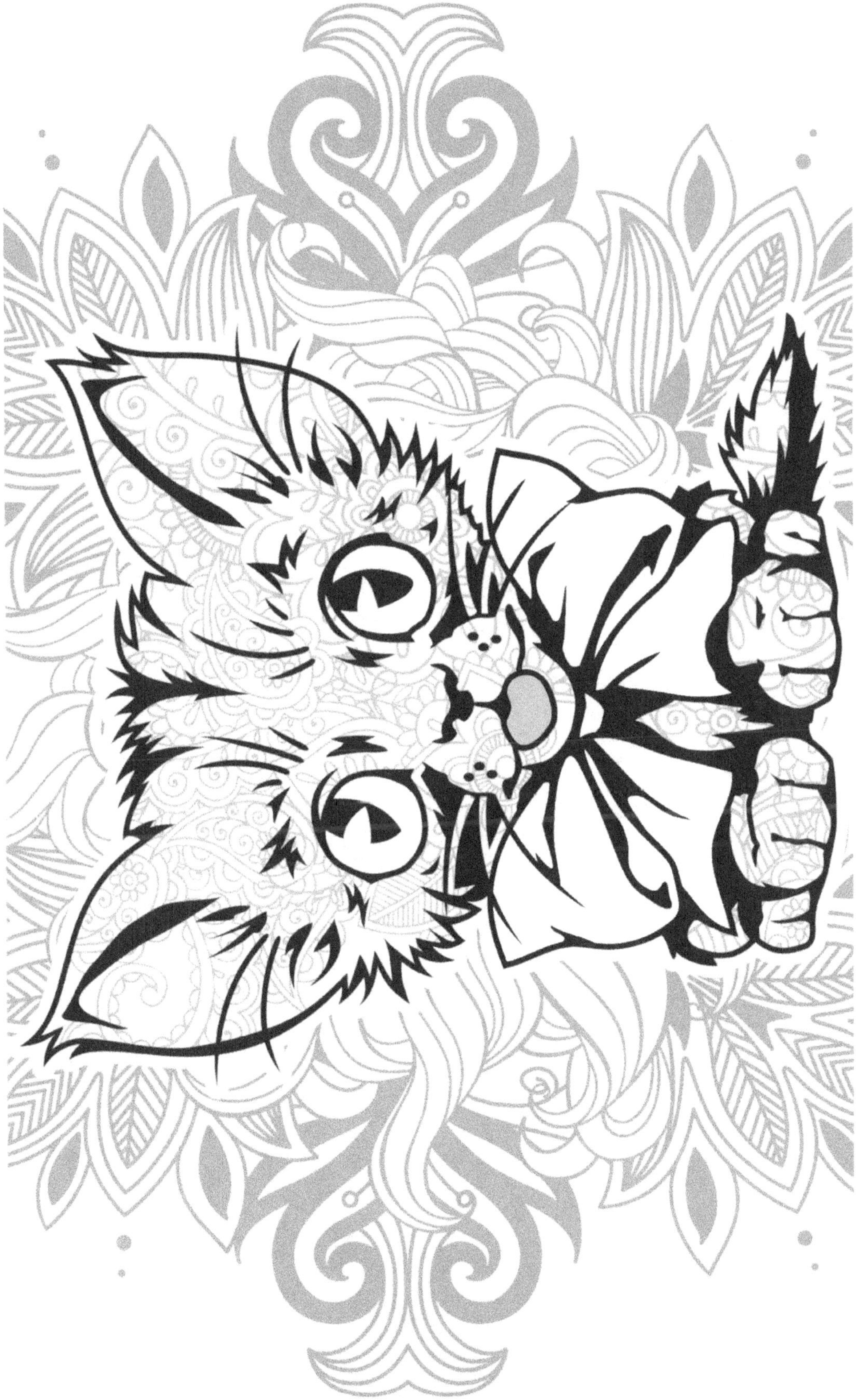

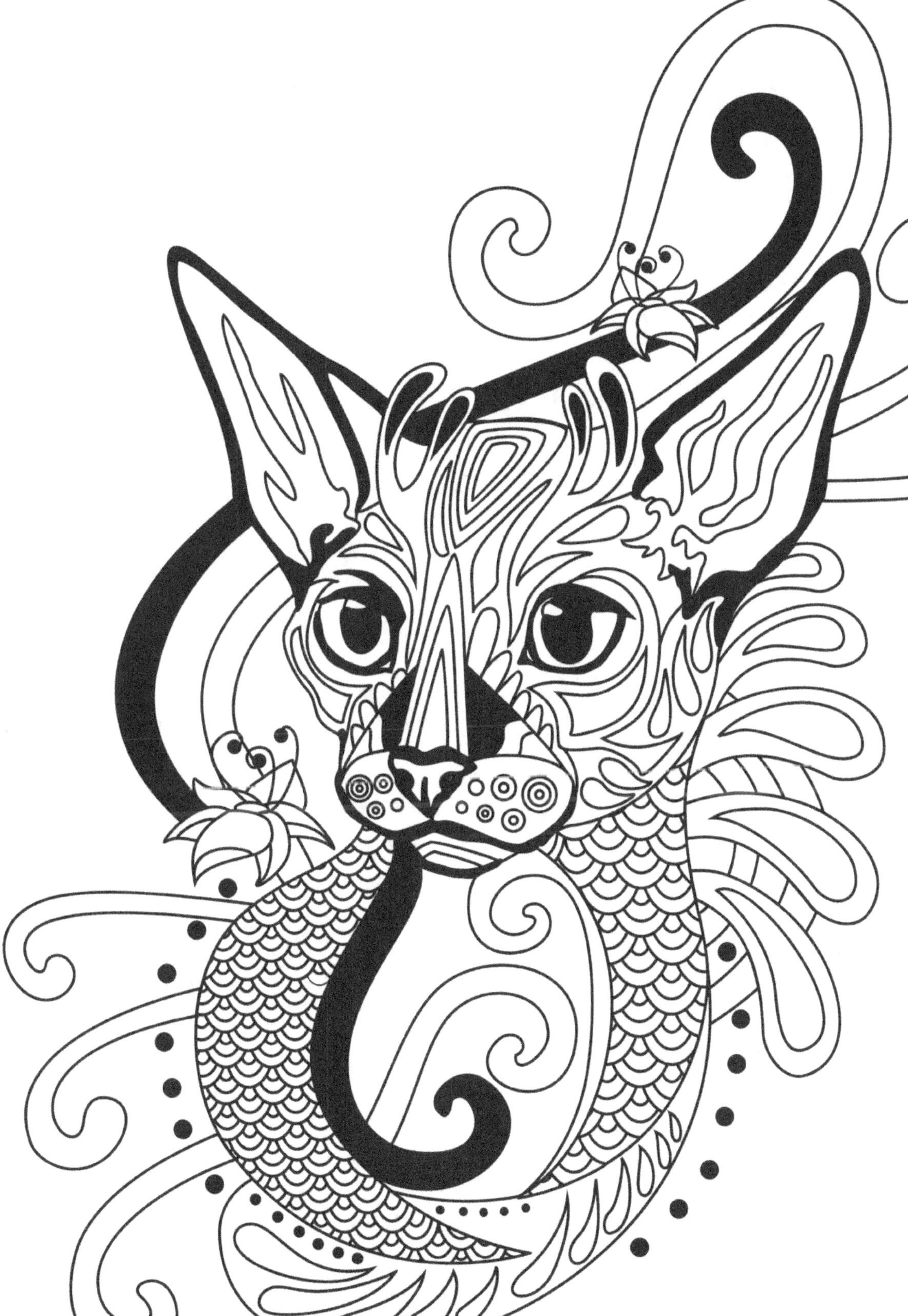

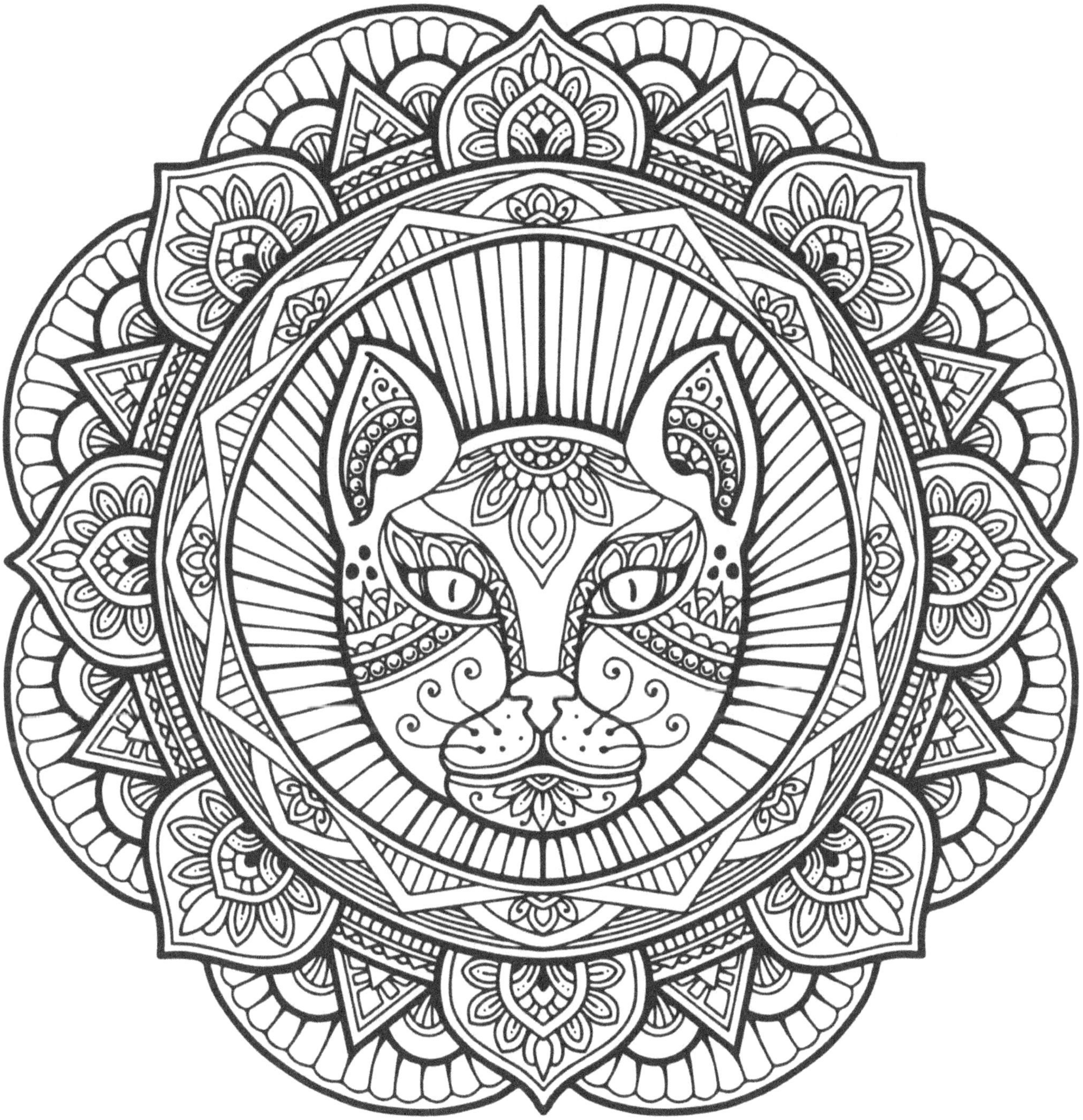

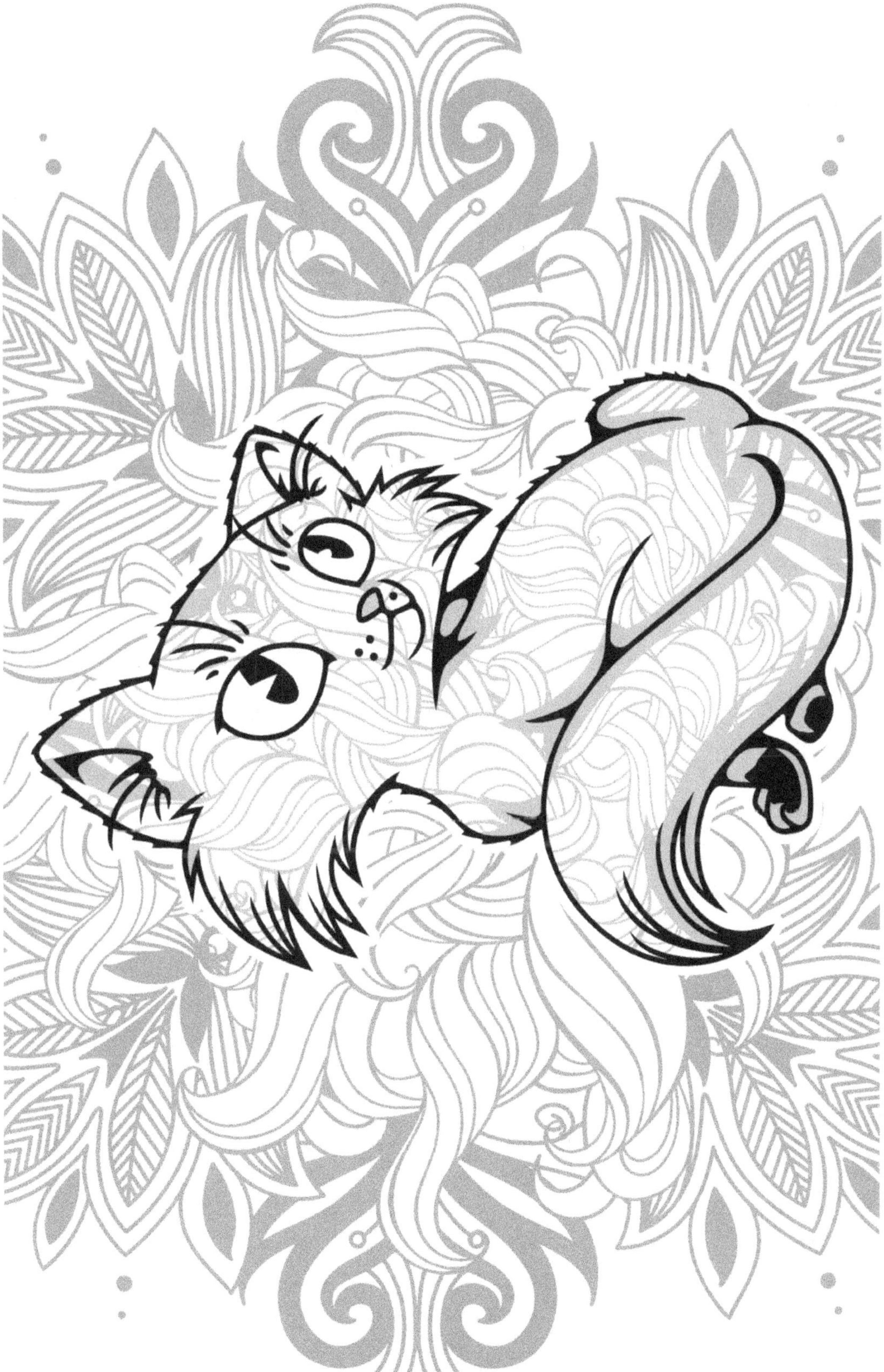

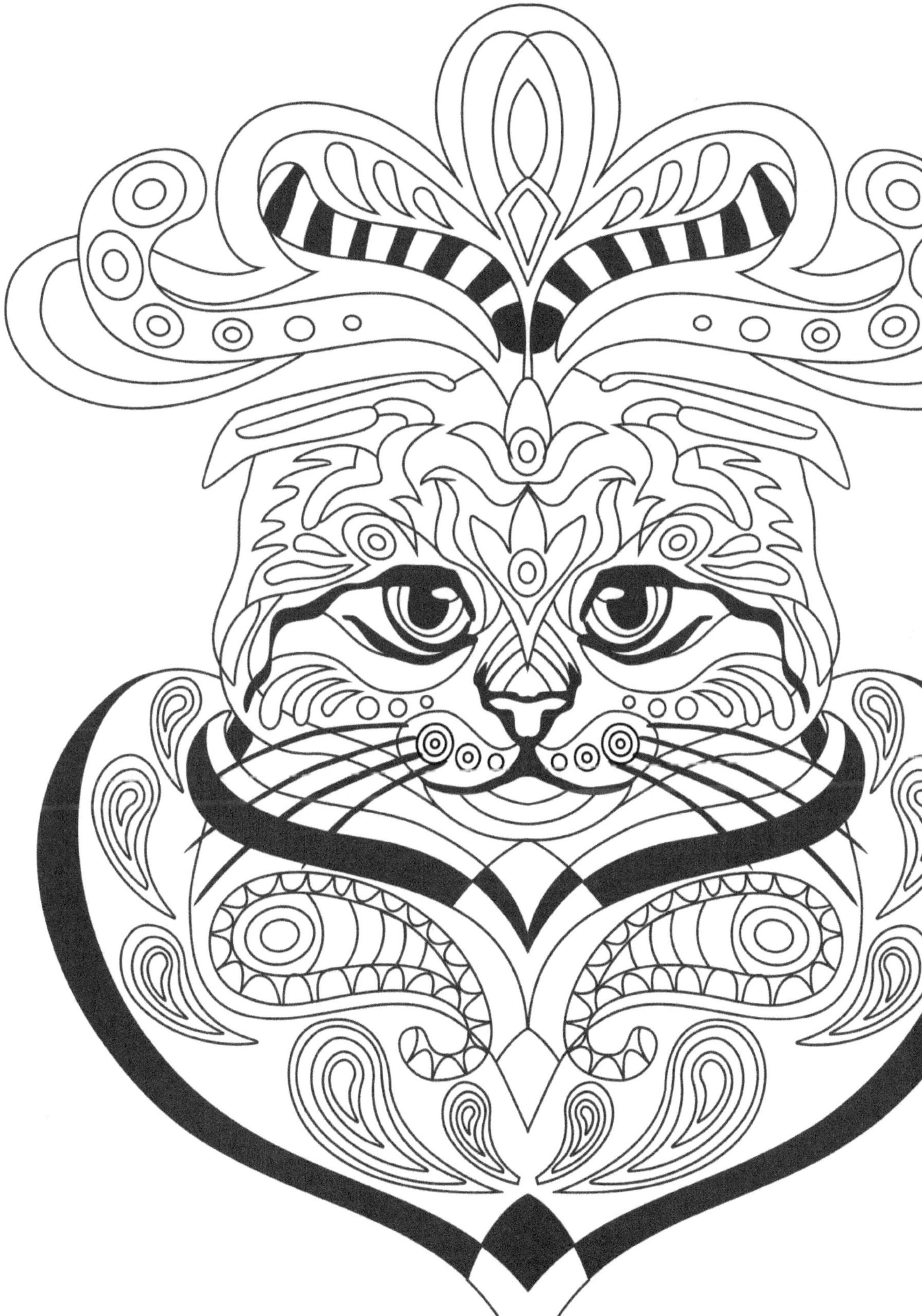

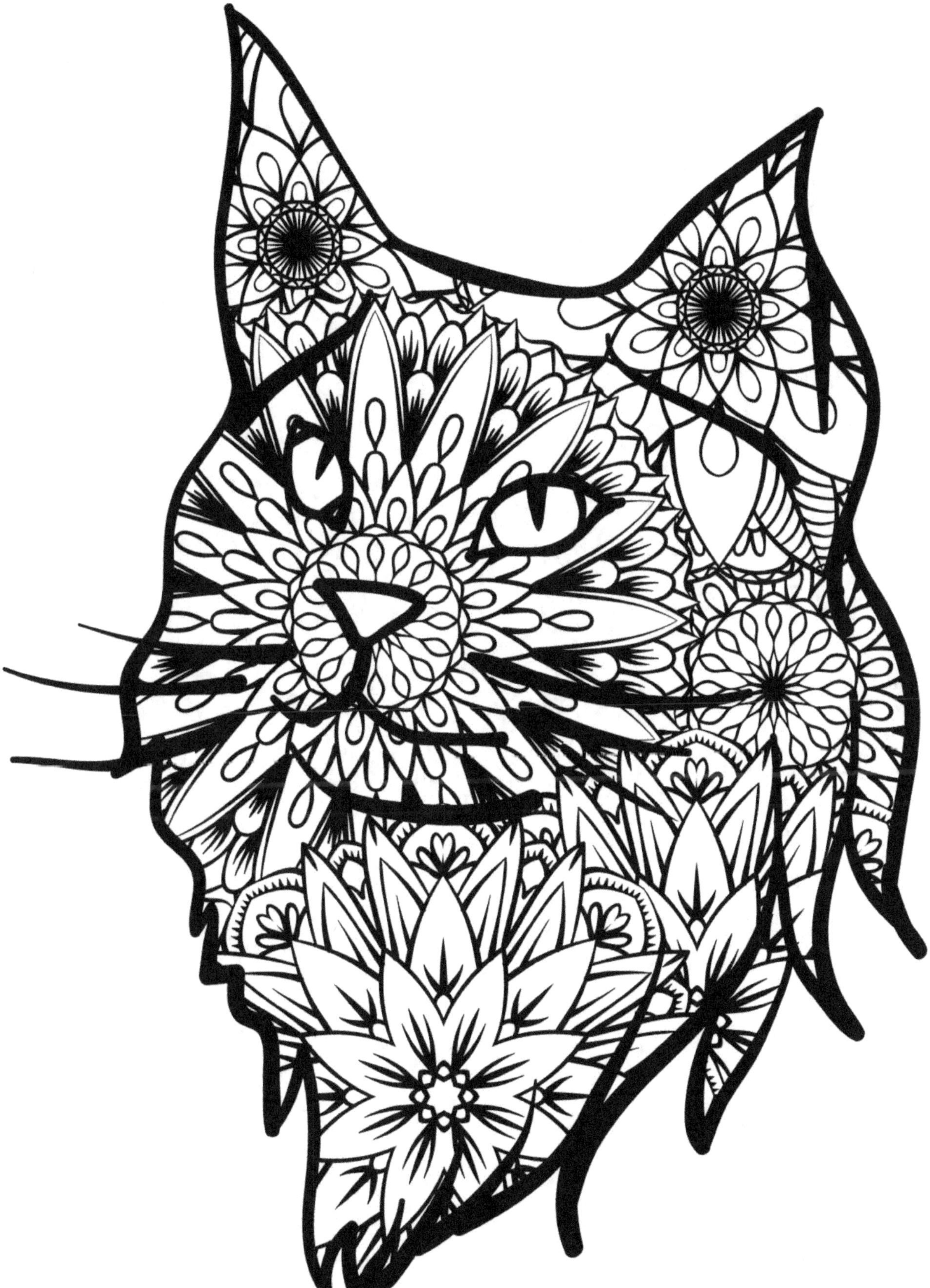

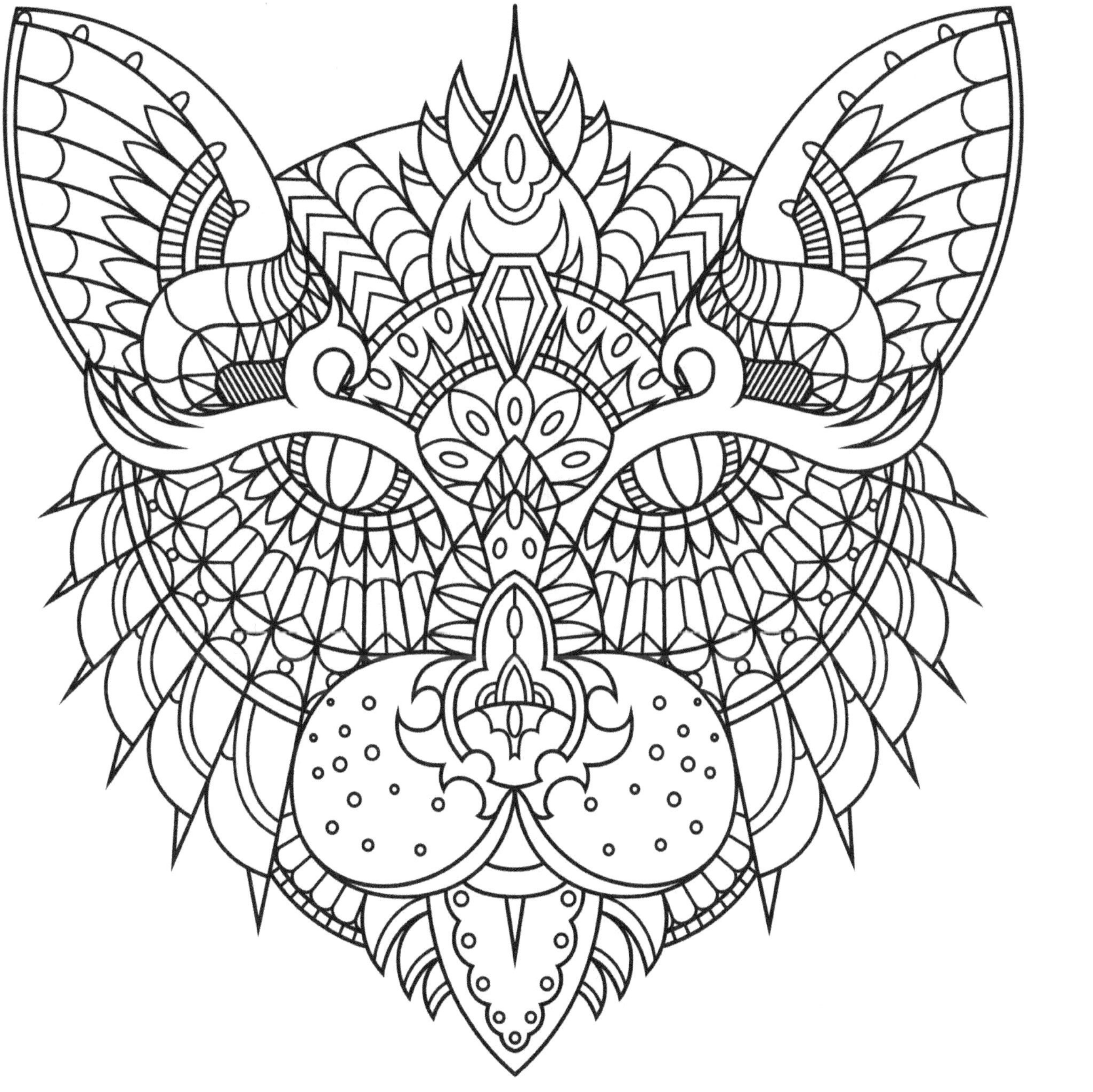

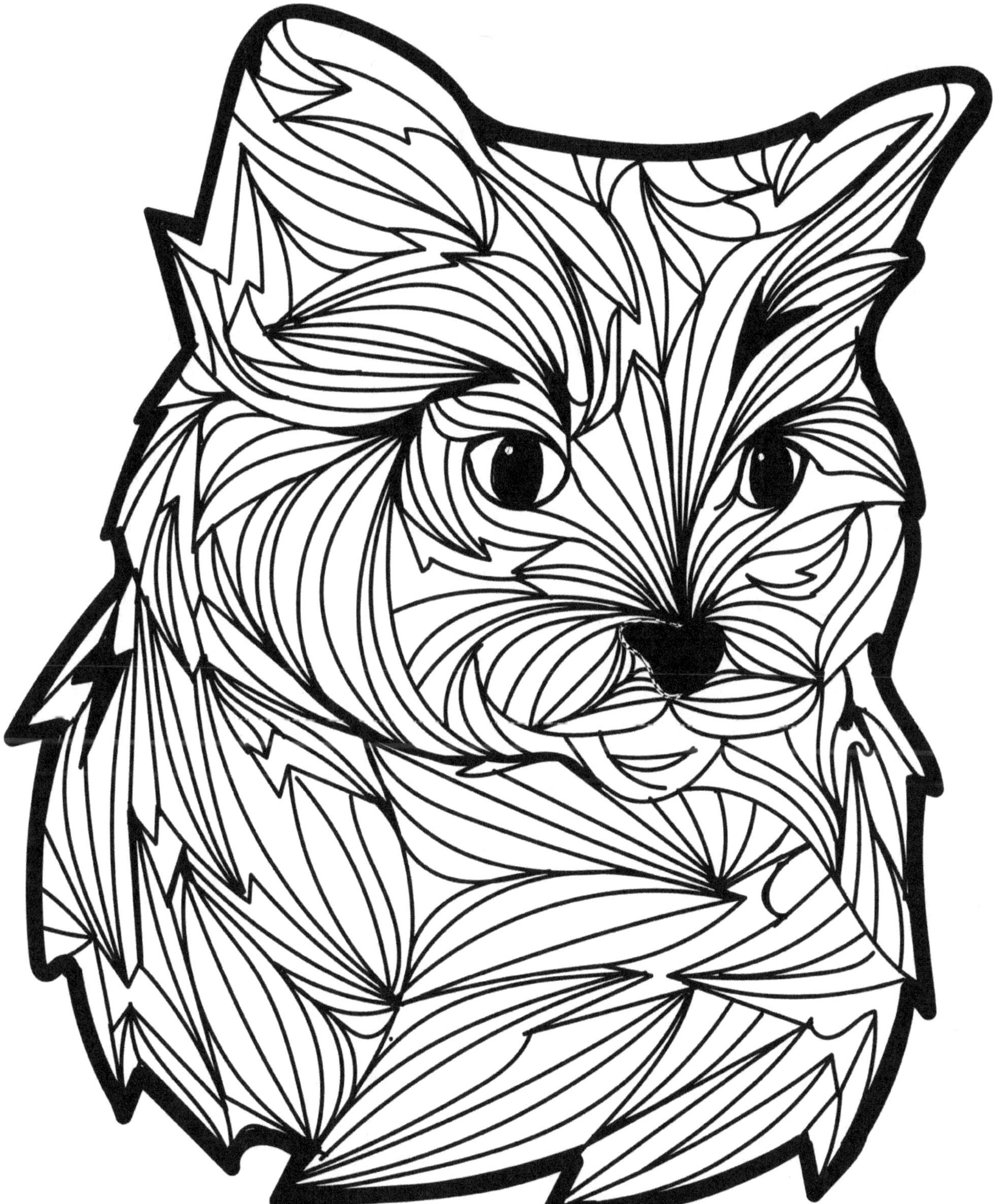

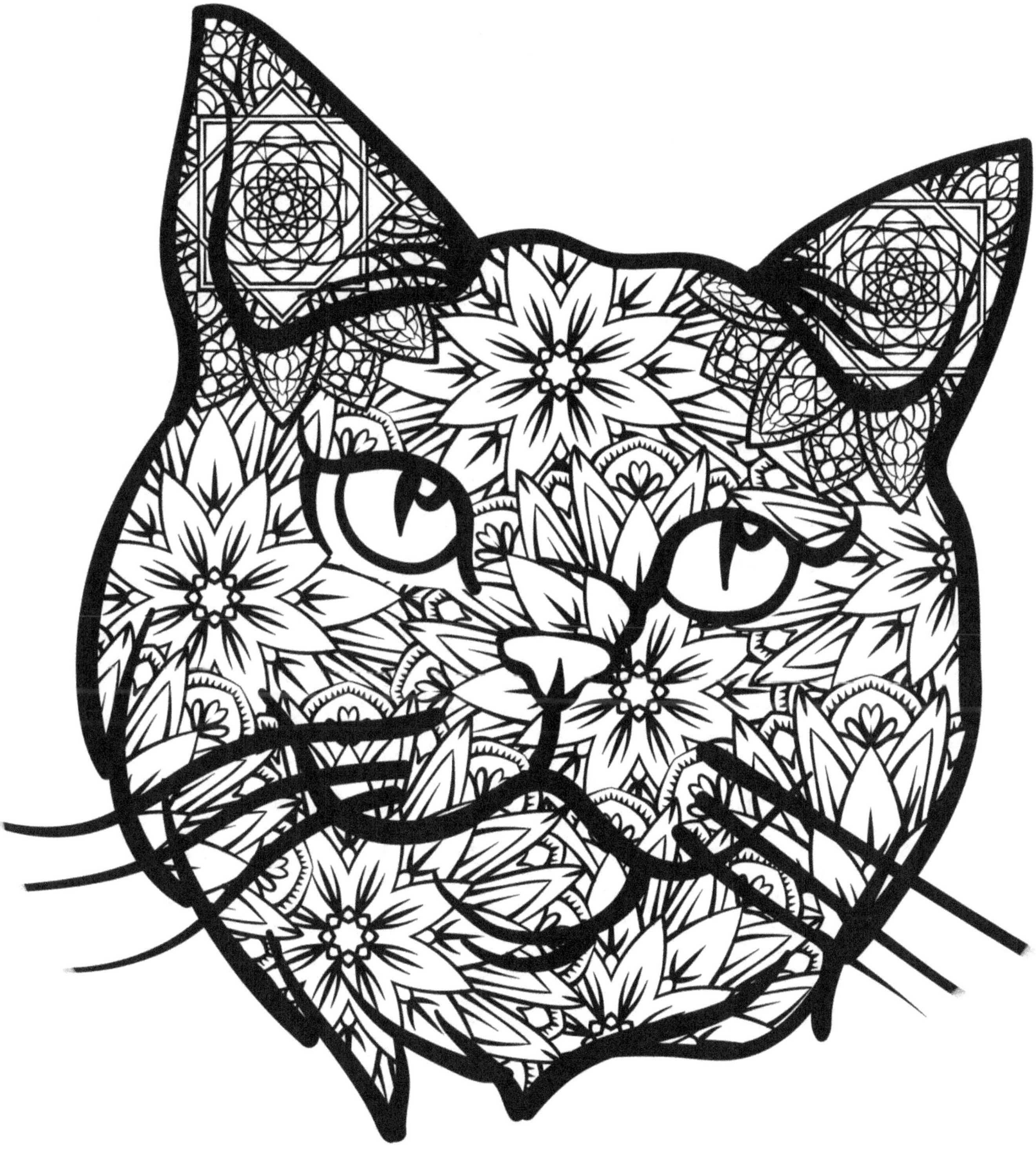

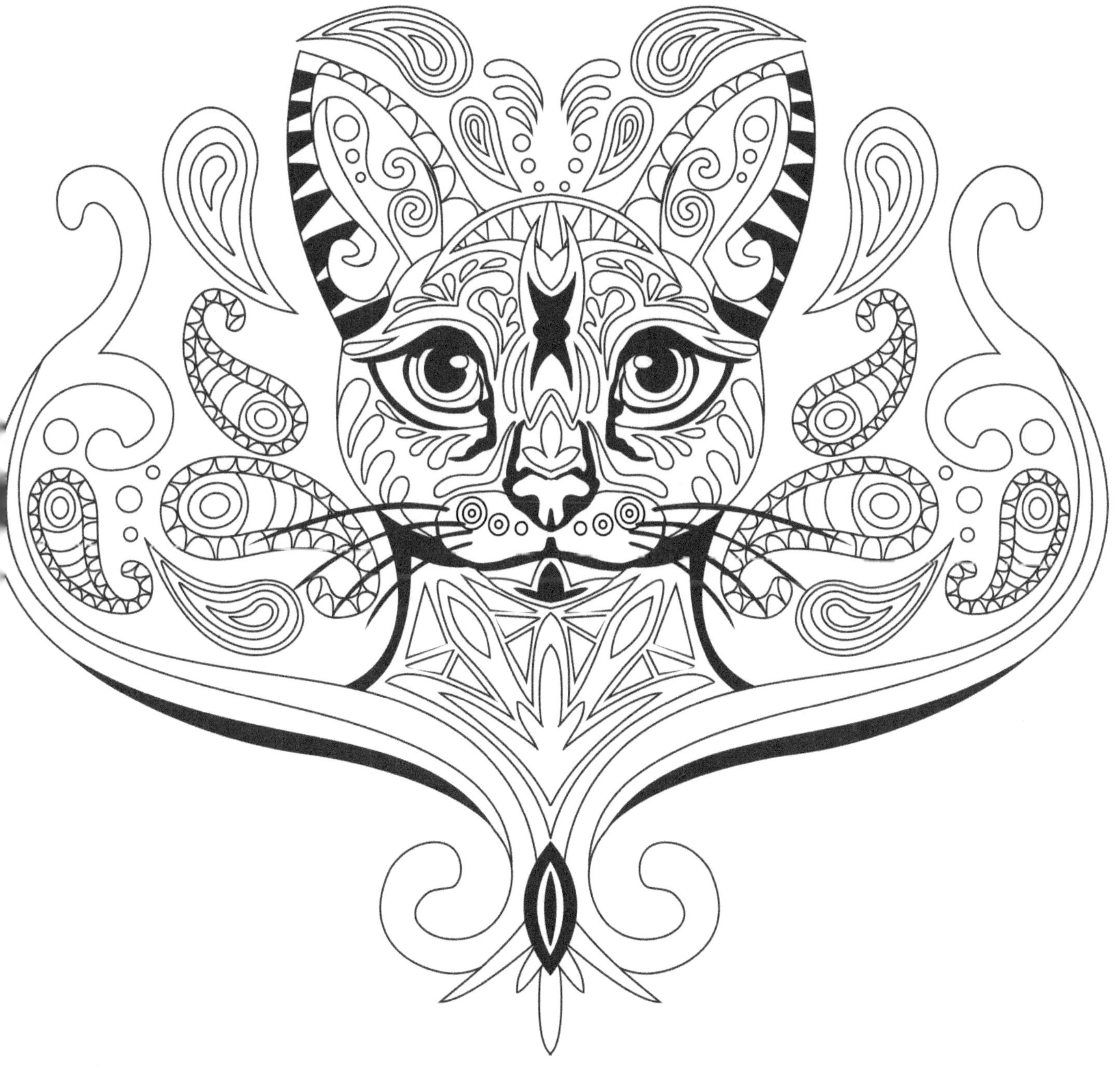

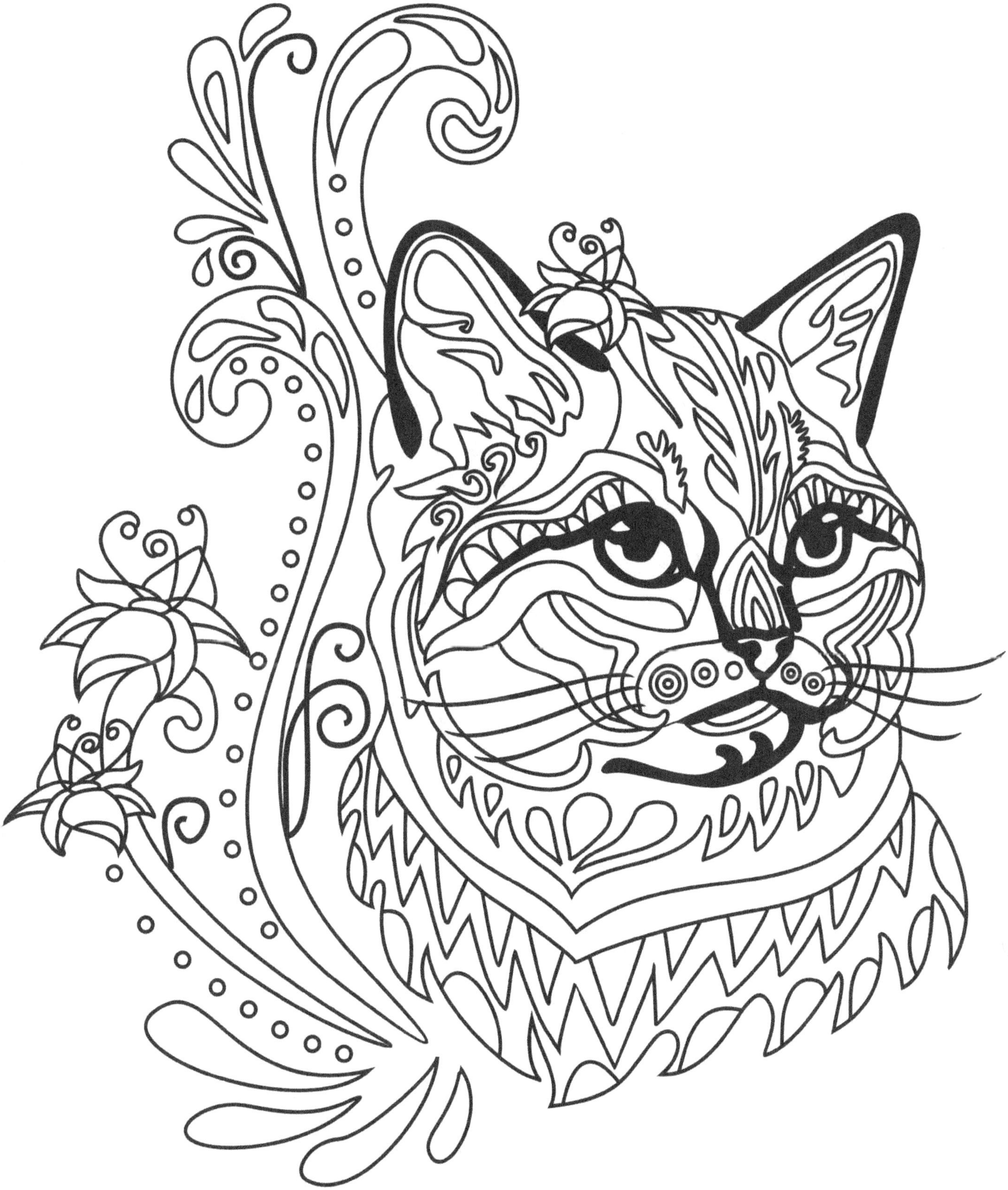

www.ingramcontent.com/pod-product-compliance
Lightning Source LLC
Chambersburg PA
CBHW081419220526
45467CB00009B/2739
* 9 7 9 8 7 0 9 7 5 5 4 2 0 *